L'ENFANT JÉSUS

TOURS

IMPRIMERIE ET LITHOGRAPHIE JULIOT

53, Rue Royale, 53

—

1877

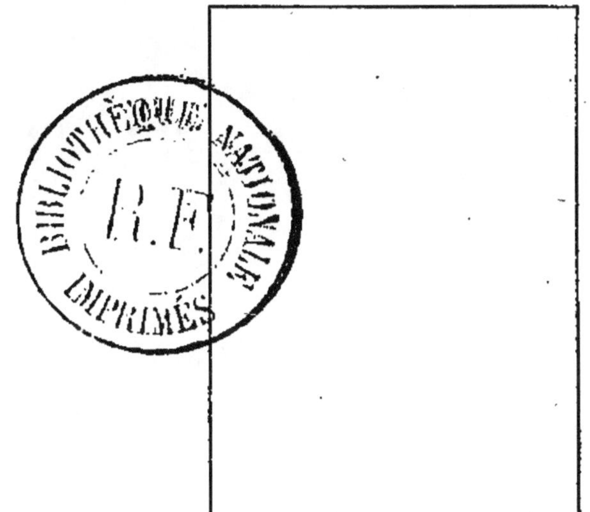

« *Nobis datus, nobis*
a natus, ex intacta
Virgine.

(Pange lingua.)

161

42856

Ye

Noël.

« Un petit Enfant
« nous est né. »

(*Isaïe.*)

Il est né ! c'est pour nous ! Il est né : c'est un frère,
C'est un roi sans couronne, un seigneur humble et doux ;
Il a quitté le ciel, faisons-lui sur la terre
Un royaume en nos cœurs, puisqu'il est né pour nous.

Il est né ! c'est pour nous. Il vagit dans l'étable ;
Et devant lui sa mère a fléchi les genoux ;
Elle a les premiers droits sur l'Enfant adorable,
Mais notre tour viendra puisqu'il est né pour nous.

Il est né ! c'est pour nous ; ce n'est pas pour les anges.
Ils sont là par milliers qui, saintement jaloux,
Contemplent leur Seigneur et vénèrent ses langes,
Mais sans nous repousser, puisqu'il est né pour nous.

Il est né! c'est pour nous: ravissante parole!
Nous n'avons plus d'effroi, Dieu n'a plus de courroux.
S'il nous reste des pleurs, cet enfant les console:
Prenons-le pour ami puisqu'il est né pour nous!

Il est né! c'est pour nous.... et c'est pour le Calvaire!
De la paille à l'épine et des langes aux clous,
Cet Enfant va grandir, méconnu, solitaire....
Oh! vivons avec lui puisqu'il est né pour nous!

II.

Circoncision.

> « Il a choisi la croix »
>
> (Saint Paul).

Dormez, petit Jésus !
De votre pauvre crèche
La paille est toute fraîche...
Nous n'avons rien de plus !
Dormez, petit Jésus.

Dormez, petit Jésus !
Joseph, près de Marie,
Veille travaille et prie ;
Il ne peut rien de plus !
Dormez, petit Jésus.

Dormez petit Jésus !
C'est la Reine des anges
Qui fit vos petits langes ;
Que voulez-vous de plus ?
Dormez, petit Jésus.

Dormez, petit Jésus !
Des bergers la musette
A dit un chant de fête ;
Ils n'en savent pas plus !
Dormez, petit Jésus.

Dormez, petit Jésus !
Les Mages, pour leur Maître,
Viennent vous reconnaître ;
Qu'attendez-vous de plus ?
Dormez, petit Jésus.

———

Tandis que tout sommeille,
L'Enfant Rédempteur veille.
— Que vous faut-il de plus
Pour dormir, ô Jésus ?

« Il me faut la souffrance
« Au moins en espérance ;
« Je ne veux rien de plus, »
Dit le petit Jésus.

Le cœur plein de tristesse,
Marie avec tendresse,
Lui met entre les doigts
Une petite croix.

Sur son cœur, il la serre :
« Merci, merci, ma Mère !
« Je dors.... Ne pleurez plus ! »
Dit le petit Jésus.

———

Et sa tête divine
Sur la paille s'incline.
Il ne veut rien de plus,
Il dort, l'Enfant Jésus.

Il dort.... mais son sourire
Semble-t-il pas nous dire :
« Je veille à ton salut,
« Car mon nom, c'est Jésus ! »

Il rêve du Calvaire,
Et sa croix sur la terre
Ne le quittera plus...

Dormez, petit Jésus !

III.

Epiphanie.

> « Aujourd'hui une étoile
> » a guidé les Mages à la
> « crèche. »
>
> (*Off. de l'Épiph.*)

I.

Les rois ont pénétré dans la pauvre demeure ;
Qu'ont-ils vu ? Nul rayon ne transforme ce lieu ;
Une Mère, un enfant qui se réveille et pleure....
Et ces rois sont venus chercher ici leur Dieu ?

Quoi ! leurs fronts couronnés s'abaissent vers la terre
Et d'un commun désir, et d'un élan soudain,
Ils ont tendu tous trois les bras vers cette Mère,
Comme pour implorer un geste de sa main ?

Elle, silencieuse, entendant ce langage,
Vers ses hôtes lointains s'incline sans effroi ;
Et du petit Enfant découvrant le visage,
Le leur présente ainsi qu'on montre un fils de roi.

Alors, comme éblouis par des clartés secrètes,
Sous l'œil de cet Enfant ils se courbent encor,
Et sur le sol poudreux, ouvrant leurs cassolettes,
Ils répandent la myrrhe et font ruisseler l'or.

C'est trop peu ! Pour celui que leur regard contemple,
Ils ont l'encens qu'on offre à la divinité.
— Frémis, Jérusalem, et pleure sur ton temple :
Ces Rois adorateurs ne l'ont pas visité !

O Rois ! Vous avez donc pénétré le mystère
Du Messie inconnu, l'attente d'Israël ?
Vous apportez la myrrhe au Sauveur de la terre,
Vous offrez l'or au Roi, l'encens à l'Éternel.

Sages, vous écoutez l'Enfant qui vient de naître,
Et son vagissement confirme votre foi.
Princes, vous l'adorez, vous l'acceptez pour Maître,
Et, dépouillés pour lui, vous emportez sa loi !

Mais qui donc vous donna les clés de la sagesse ?
Par quelle voix le Verbe a-t-il instruit vos cœurs ?
Vers l'asile inconnu de cette humble faiblesse,
Quels messagers divins furent vos conducteurs ?

II.

Nul ange pour les rois n'a reçu de message ;
Seule, une étoile a lui.

Le Maître des clartés donna cet astre aux Mages
    Pour les guider vers lui.
Mais plus vive et plus pure et plus douce en leur âme
    Que cette étoile aux cieux,
Ils ont senti grandir une secrète flamme,
    Rayon mystérieux.
Et si l'astre s'arrête au-dessus de l'étable,
    Ce feu révélateur
Découvre aux pélerins la lumière adorable
    Qui jaillit du Seigneur.

III.

Jésus, Enfant divin, Enfant pasteur des Mages,
Qui sauve les petits sans délaisser les sages,
Exauce un vœu secret que tu mis dans mon cœur !
S'il est en ce moment une âme, ô Dieu sauveur,
Qui de paix, de croyance et d'amour altérée,
S'en aille par le monde, ignorante, égarée ;
S'il est un cœur loyal dont l'anxieux désir
Cherche le vrai dans l'ombre afin de le saisir,
Jette à son horizon une étoile fidèle,
Au centre de sa vie, allume une étincelle,
Double rayon que, seul, tu lui peux envoyer,
O lumière ! ô splendeur ! ô soleil ! ô foyer !

IV.

Présentation.

> « Vous n'avez point voulu
> « d'holocauste... Alors j'ai
> « dit : Voici que je viens. »
>
> (Ps. 39.)

RÉCIT DU VIEILLARD SIMÉON.

I.

Les premiers feux du jour, dans la sainte demeure
De nos rites sacrés avaient devancé l'heure ;
Seul, pressé par l'Esprit, je venais, anxieux,
Prier au temple immense encor silencieux.
Je cherchais..., j'écoutais.... sous les vastes portiques,
Je croyais voir passer des troupes angéliques...
J'appelais le Seigneur.... Il me disait ; « Je viens ! »
Et mon âme éperdue, oubliant ses liens,
Pour le joindre plus tôt s'élançait vers la voûte
Où les rayons semblaient lui frayer une route ;
Je rêvais un triomphe ; et j'attendais un Roi ﹕
Dans les bras d'une vierge il s'avança vers moi.

O joie ! ô splendeur ! ô mystère !
C'était le Christ, l'Emmanuel,
Sommeillant au sein de sa mère
Comme sur son premier autel.
C'était le Dieu que ma jeunesse
Ardente, appelait de ses vœux ;
C'était le Dieu que ma vieillesse
Attendait pour fermer les yeux.

Où sont les Anges de la foudre ?
Où sont les glaives flamboyants ?
Les prophètes qui, dans la poudre,
Prosternent leurs genoux tremblants ?
Où sont les divines tempêtes,
Messagères d'Adonaï,
Qui mugissaient, courbant les têtes
Sous les éclairs du Sinaï ?

O Dieu ! C'est en vain que mon âme
Évoquait l'antique terreur :
Une étrange et nouvelle flamme
Ravissait, consumait mon cœur.
Loi de mes pères, loi de crainte,
Ton joug se brisait en ce jour ;
Un enfant pleurait..., et sa plainte
Me révélait la loi d'amour !

II.

Je m'inclinai vers lui, je le pris à sa Mère
Pour te l'offrir, ô Jéhovah !

Longtemps silencieux, j'écoutai la prière
Que son vagissement t'adressait dans mes bras.

Mais, le flot grandissant de ce bonheur immense
Rompit enfin sa digue et força mon silence....
Alors je m'écriai :
     « C'est maintenant, Seigneur,
« Qu'il faut laisser aller en paix ton serviteur,
« Puisque mes yeux ont vu dans sa naissante aurore
« Le salut qui nous vient des profondeurs du ciel.
« Que la terre tressaille, et que l'ombre t'adore,
« O Christ ! flambeau vivant, la gloire d'Israël ! »

Et la Vierge admirait ; et son époux fidèle,
Debout à ses côtés, attendait, retenant
La rançon du Sauveur, la pauvre tourterelle,
   Qui gémissait avec l'Enfant !....

III.

Soudain, le feu du ciel éclairant ma pensée,
Je vis à l'horizon, dans sa funèbre horreur,
Une scène de mort. — Sur une croix dressée,
Un homme qui disait : « Père, pardonnez-leur. »
Des bourreaux, des soldats, des prêtres !.... Une mère
   Debout, près du gibet maudit ;
Et, parmi les clameurs, j'entendis qu'à son Père
Cet homme agonisant remettait son esprit.

Je frémis en mon âme..., et, détournant la tête,
Je voulais contempler non doux trésor, l'Enfant !...

Mais une voix tonna :

> — « Regarde encor, prophète,
> « Regarde encor au mont sanglant ! »

Ils étaient là tous deux, ce mort et cette Mère ;
Lui, frappé dans sa chair, elle, percée au cœur.
Ce fut le dernier coup du glaive de colère,
Et je ne vis plus rien qu'un torrent de douleur.
Et la voix s'élevant : « Écoute ! » me dit-elle,
« Ce nouveau-né, c'est Lui ! cette vierge, c'est Elle ! »

O Dieu très-haut ! Dieu saint ! Dieu tout-puissant ! Dieu fort !

. . . .

Je demeurai muet, serrant sur ma poitrine
Ce tout petit enfant, dont la tête divine
M'apparaissait livrée aux ombres de la mort.

IV.

La Vierge s'approchait dans sa chaste allégresse....

« Parle ! » reprit encor l'inexorable voix.
Et mettant sur son cœur l'Enfant de sa tendresse,
Je lui montrai le glaive.... en lui voilant la croix.

V.

La fuite en Egypte.

« Prends l'Enfant et sa
« mère, et fuis en Égypte.

(*Év. selon St Matthieu.*)

La bise est froide, la nuit sombre ;
Nul ne passe au chemin glacé.
Seul, affamé, hurlant dans l'ombre,
Un fauve errant l'a traversé.
Tous les enfants dorment ; c'est l'heure
Où sont poussés les gros verroux,
Pour garder la pauvre demeure
Du froid, des brigands et des loups.

Quelle est cette lueur naissante
Sous l'humble toit du charpentier,
Qui bientôt s'éloigne tremblante
Et descend le long du sentier ?
Maison sainte, doux sanctuaire,
Garde-nous bien notre Jésus !
Mais quoi ! la chambre est solitaire....
Dans son berceau l'Enfant n'est plus ?

Jésus, Sauveur, notre espérance,
Notre seul bien, pourquoi nous fuir?
Les amis de ta sainte enfance,
Sur ton berceau sauront mourir.
Viens, dans ta couche tiède encore,
Cacher tes membres déjà froids;
Dors, Enfant divin…, c'est l'aurore,
Ce n'est pas l'heure de la croix!

Non! pas de la croix…. mais du glaive!
Il s'enfonce au cœur maternel
Où l'Enfant a repris son rêve:
Amour, exil, calvaire, autel!
Sous le blanc voile de sa mère,
Il dort sans craindre le danger;
Il voit les anges de son Père,
En armes pour le protéger.

Marie a replié sa mante
Sur le cher petit nourrisson;
Joseph, sur la route glissante,
Guide et maintient le pauvre ânon.
L'œil serein, le front sans nuage,
Le juste avance, confiant;
Que craindrait-il, pour ce voyage,
« Il a pris la Mère et l'Enfant. »

Hérode, ta sombre colère
Ne fera point trembler son cœur.

Il ne jette pas en arrière
Un regard chargé de frayeur ;
Et vers cette Égypte infidèle,
Qui de son peuple a bu le sang ,
Il marche en paix : que pourrait-elle ?
« Il a pris la Mère et l'Enfant ! »

Mais quoi ! de mortelles alarmes
Ont soudain ralenti ses pas....
Il s'arrête , et Marie en larmes
Avec lui confère tout bas.
L'Enfant pleure, il souffre, il s'agite,
Il étend sa petite main....
Que veut-il ? une halte, un gîte
Pour reposer jusqu'à demain ?

Non , non ; fuyez ! Il ne demande
Ni délai ni soulagement ;
Voyez, il s'apaise, il commande
En maître à son gémissement.
Mais fuyez ! Le sang l'environne !
Il a vu le glaive cruel
Qui, parmi les roses, moisonne....
Il entend les pleurs de Rachel !

Fuyez, fuyez !
        Pauvre chaumière,
Foyer tranquille, humbles travaux,
Fleurs du sol, mousse de la pierre,

Famille, amis, sacrés tombeaux,
Temple saint, pures allégresses,
Splendeurs de la cité de Dieu,
Ciel chéri, terre des promesses,
Bethléem, Nazareth, adieu !

Ils reviendront !
             Ainsi mon âme
Échappée au séjour mortel
Revient vers Dieu qui la réclame :
Vivre, c'est marcher vers le ciel.
Seigneur, pour garder mon courage,
Que Joseph conduise mes pas,
Que Marie, en ce long voyage
Motte Jésus entre mes bras !

VI.

Nazareth.

> « La bénignité de Dieu notre
> « Sauveur s'est manifestée au
> « milieu de nous. »
>
> (*Saint Paul.*

I.

Le soir était venu. Du côteau dans la plaine,
Les bergers descendaient par les poudreux sentiers ;
On voyait les troupeaux courir à la fontaine
Qui jaillissait limpide entre les grands palmiers.
La vie était partout.
              Là-haut, la blanche ville
Parmi les cyprès verts se recueillait, tranquille.
C'était l'heure où la ruche ayant reçu son miel,
L'abeille enfin s'endort.... et l'homme pense au ciel.

Mais quoi ! sous l'humble toit d'une pauvre demeure
On travaillait encor ?
              — « Mère, n'est-il pas l'heure ? »
Dit la voix d'un enfant ; et cet enfant, c'était
La fleur de Nazareth qui, pour nous, grandissait ;

Prenant déjà sa part du labeur domestique,
Il relevait le pan de sa blanche tunique,
Sa cruche entre les bras, pourvoyeur de sept ans,
Il attendait, pieds nus et les yeux rayonnants.

La mère s'approcha, mais si pure et si belle
Que, tressaillant d'amour, il courut auprès d'elle.
Elle, s'agenouillant, le reçoit dans ses bras
Puis effleure son front en l'adorant tout bas.

II.

Ils cheminent tous deux au flanc de la montagne.
Soudain, un vent léger s'élève en la campagne.
Telle autrefois la brise où passait le Seigneur,
Du Prophète tremblant dissipait la terreur.
L'air est tout plein de voix. La fleur de la prairie
Jette un dernier parfum sous les pas de Marie,
Et le soleil qui va disparaître au couchant,
De ses rayons de pourpre environne l'Enfant.

III.

Ils viennent ! et voici que des bords de la source
Une troupe joyeuse a pris vers eux sa course.
On les a vus de loin, on les a reconnus,
Et les enfants ont dit : « C'est le petit Jésus ! »
Saluant par leurs noms ses humbles camarades,
L'Enfant divin reçoit leurs franches accolades ;
Plus d'un vaillant pasteur le prend sur ses genoux,
Plus d'une mère dit : « Comme il est sage et doux ! »

Mais il rejoint Marie ; après elle, il s'incline,
Pour emplir jusqu'aux bords cette cruche enfantine
Que Joseph lui demande au soir de son labeur.
Elle est comble. L'Enfant la charge avec bonheur,
Et la Vierge sourit, soutenant avec peine
Sur son beau front voilé la grande amphore pleine.

Et les Anges du soir se disent en passant :
« Si nous pouvions servir et la Mère et l'Enfant ! »

IV.

Au détour du sentier, péniblement s'avance
Un aveugle courbé par l'âge et la souffrance.
— « N'est-ce pas là Marie et son petit Jésus ? »
Dit il, « et, des palmiers, vous voilà revenus ?
« J'ai longtemps attendu sans rencontrer un guide,
« Je m'en vais donc tout seul avec ma gourde vide. »
— « Oh ! donne, dit l'Enfant, je te la remplirai
« Avec l'eau de ma cruche, et je retournerai. »
Et l'Enfant radieux ayant saisi la gourde,
Aux mains du mendiant la remet fraîche et lourde.

Et les Anges du soir disent en gémissant :
« Ainsi pour les sauver il donnera son sang ! »

V.

Il est à la fontaine, et la foule empressée
L'interroge. Son eau, l'a-t-il donc renversée ?
Il dit ce qu'il a fait ; il ne sait pas mentir.
Il a rempli sa cruche et voudrait repartir.

Mais on l'arrête encore. Enfant sauveur du monde,
Sa première sueur ne peut être inféconde ;
A tous elle appartient.
               — « Cette eau porte bonheur,
« J'en veux pour ma veillée, » a dit un vieux pasteur.
Alors de toutes parts on réclame une aumône
De l'eau qu'il a puisée, et l'Enfant-Dieu la donne.

L'heure n'est pas venue où Jésus laissera
Couler à flots pressés sa parole, et dira :
« Donnez, lorsque vers vous se tend une main vide ;
« Ne vous détournez point de l'emprunteur timide. »
Il donne, il ne dit rien. Le précepte est scellé
Pour un temps ; mais l'amour est déjà révélé !

VI.

Il a rejoint Marie, et le ciel qui se voile
Là-haut, sur Nazareth, laisse poindre une étoile.

Et les Anges du soir disent en frémissant :
« Oh ! qui nous donnera d'emporter cet Enfant ! »

Mais l'Enfant est à nous ! C'est l'Enfant de la terre,
Il faut qu'il vive et croisse.... et qu'au jour de douleur,
Homme, il nous donne enfin sur le mont du Calvaire
      L'eau jaillissante de son cœur !

Imprimatur

† CAROLUS, *Archiep. Tur.*

(Propriété réservée.)

Tours. — Imp. et Lith. JULIOT.

www.ingramcontent.com/pod-product-compliance
Lightning Source LLC
Chambersburg PA
CBHW051416060726
47596CB00005B/2246